Hannah Valentin

50 gute Gründe, heute glücklich zu sein

Hannah Valentin

50 GUTE GRÜNDE

... heute glücklich zu sein

HERDER FREIBURG · BASEL · WIEN

Beim Aufwachen scheint mir die Sonne ins Gesicht. Während ich ins Licht blinzle und die Wärme auf meiner Haut genieße, spüre ich, wie gut ich aufgehoben bin in der Welt. Es gibt zwar auch trübe Regentage, aber wenn ich den Dingen, die ich nicht beeinflussen kann, ihren Lauf lasse, werde ich immer wieder erfahren, daß alles seine Richtigkeit hat.
Das Glück liegt nicht in den äußeren Dingen, ist nicht davon abhängig, ob mir dieses oder jenes widerfährt, sondern von meiner Fähigkeit, mich als Teil aller Geschehnisse zu begreifen.

Ich bin auf dem Weg zur Arbeit. Wie so oft trotte ich gedankenverloren dahin, setze mechanisch Fuß vor Fuß. Mein Kopf ist voll mit Gedanken an Unerfreuliches. Kaum nehme ich die Menschen wahr, die mir entgegenkommen. Wie kommt es, daß ich plötzlich die Wärme des Sonnenlichts auf meinem Gesicht spüre, den kaum wahrnehmbaren Hauch von Frühling in der Luft? Unvermittelt steigt eine Welle von Dankbarkeit und Freude in mir hoch: Heute – jetzt – in diesem Augenblick lebe ich! Ich darf leben!

Eine kurzfristig abgesagte Verabredung, ein plötzlich geplatzter Termin. Ich hatte mich ganz darauf eingestellt – und nun habe ich mit einem Mal keine Verpflichtungen. Ich bin zunächst verwirrt, bis ich begreife: da hat mir jemand ein Stückchen Zeit geschenkt. Ein kleines Stück Zeit, das aus dem Alltag herausfällt, das noch nicht verplant, noch nicht besetzt ist, ein unerwarteter Augenblick des Glücks. Ich kann mir ein Buch kaufen und mich damit in ein Café setzen. Ich kann mich (wie lange habe ich das schon nicht mehr getan?) im Strom der Menschen durch die Straßen treiben lassen, in ein Museum gehen, einen Park. Dieses Stückchen geschenkte Zeit ist meine Zeit.

Den ganzen Morgen habe ich am Schreibtisch gesessen, lustlos Dinge erledigt, die lange schon hätten erledigt werden sollen. Ich stehe auf, trete ans Fenster und sehe den Kindern unten im Hof einen Augenblick lang beim Spielen zu. Zwei sehr kleine Kinder, die sich offensichtlich fremd sind, beäugen sich vorsichtig. Auf einmal tappst das eine auf das andere zu und umarmt es. Beide jauchzen vor Vergnügen. Wie glücklich sind Menschen, die anderen mit offenem Herzen und offenen Armen begegnen können wie kleine Kinder, ohne Sicherheitsnetz, ohne das Mißtrauen, das aus schlechten Erfahrungen gewachsen ist und uns viel zu früh die Unbefangenheit nimmt. Lächelnd kehre ich an meinen Schreibtisch zurück.

Wenn ich in das strahlende Gesicht eines Kindes schaue, frage ich mich, was seine Augen wohl so leuchten läßt. Wann auf unserem langen Weg haben wir Erwachsene diese Begabung zum Glück unbemerkt verloren? Kleine Kinder nehmen alles so hin, wie es kommt, sie werten nicht, sie vergleichen den gegenwärtigen Moment nicht mit anderen. Jeder Tag ist ihnen ein unendlicher Raum für Entdeckungen, Abenteuer und kleine Geheimnisse. Wenn sie weinen, weinen sie aus ganzem Herzen. Und ihr Glück ist ungetrübt, ungeteilt, vorbehaltlos. Ich nehme mir vor, jeden Tag als den Beginn eines Abenteuers zu sehen, meine Augen und Ohren zu schärfen für neue Entdeckungen und mein Herz ganz dem gegenwärtigen Moment zu öffnen.

Manchmal gelingt es mir, die Welt wieder mit Kinderaugen zu betrachten, mit staunender Freude kleine Dinge wahrzunehmen. Eine zarte, flaumige Vogelfeder, einen im frühen Licht schimmernden Tautropfen, ein von der Sonne beschienenes feingeädertes Blatt, einen glatten, runden Stein … In solchen seltenen Augenblicken ist mir, als werde ein Stückchen Welt vor meinen Augen neu geschaffen. Der Zauber des Anfangs, ein reines, vollkommenes Glück liegt über den Dingen.

Ein kleiner Junge wartet ungeduldig vor mir an der Kasse. Seine blassen Hände umschließen eine Handvoll bunter Süßigkeiten. Endlich kommt er an die Reihe. „Eine Mark achtundneunzig", sagt die Kassiererin zu dem Kind, das seine Münzen stolz auf dem schwarzen Laufband ausbreitet. „Acht Pfennige zu wenig", hallt es ihm entgegen. Der Junge ist wie vor den Kopf gestoßen. Wird er nun all seine bunten Schätze wieder einbüßen? Als ich ihm ein Zehnpfennigstück in die Hand drücke, erhellt sich seine Miene schlagartig. Schon ist er an der Tür. Da zögert er für einen Moment, dreht sich nach mir um und schenkt mir ein strahlendes Lachen als Dank. Zehn Pfennige haben uns beide glücklich gemacht.

Bin ich glücklich, sind meine Sinne für Schönheit empfänglich. Aus den Gerüchen, die mich umgeben, filtere ich zielsicher einen köstlichen Duft heraus, meine Umgebung erscheint mir plötzlich von Farben gesättigt.
Dieses Glück ist eine kleine Flucht. Lasse ich mich mit ihm treiben, entführt es mich für Momente in eine schönere Welt. Ich weiß, daß diese Welt nur in meiner Phantasie existiert. Doch Phantasie bedeutet Schöpferkraft. Mit ihrer Hilfe kann ich in der Realität zu gestalten versuchen, was ich mir erträumt habe.

Ich habe eine Menge unerfüllter Wünsche. Doch das macht mich nicht unglücklich – im Gegenteil. Daß ich wünschen kann, zeigt mir, daß ich am Leben teilnehme. Jeder Wunsch gibt mir Gelegenheit, mich auf das Kommende zu freuen. Denn Wünsche sind ein Teil meiner Zukunft. Es ist nicht wichtig, daß alle Wünsche in Erfüllung gehen. Wichtig ist vielmehr, daß ich mich von ihnen tragen und beflügeln lasse.

Manchmal geschieht es, daß meine Wünsche schweigen. Unverhofft breitet sich Stille in mir aus, der Hektik, Lärm und selbst Termindruck nichts anhaben können. Ohne Anstrengung kann ich mich auf das, was ich gerade tue, konzentrieren oder meine Sinne für eine Weile etwas Schönem zuwenden: einem blühenden Baum vor meinem Fenster, dem Gezwitscher der Vögel ... In solchen Momenten bin ich wunschlos glücklich.
Wie jedes Glück läßt sich auch dieses nicht erzwingen. Doch ich kann Voraussetzungen dafür schaffen, daß es mir zuteil wird – indem ich mir jeden Tag ein paar Minuten Zeit nehme, um meinem Inneren zu lauschen.

Ich habe die Möglichkeit, mir trotz aller Verpflichtungen Zeit zu reservieren, in der ich das tue, was mich alles andere vergessen läßt: ein Bild malen, Musik hören, spazierengehen ... So locke ich das Glück in meine Nähe und schöpfe Kraft für die Herausforderungen, die mich bald wieder erwarten. Indem ich mich an etwas hingebe, das mich ganz und gar ausfüllt, gewinne ich Distanz zum Alltag und zu mir selbst. Das Glück, das darin liegt, hilft mir dabei, gelassener an die Dinge heranzugehen.

Angesichts der Bilder aus den Kriegs-, Armuts- und Krisengebieten dieser Erde, die Abend für Abend mit den Nachrichten ins Haus kommen und sich nicht einfach „abschalten" lassen wollen wie der Fernseher, der sie überträgt, wird mir immer wieder bewußt, wie wenig selbstverständlich es ist, daß ich in Frieden und Sicherheit lebe, daß ich Pläne schmieden kann, die über den morgigen Tag hinausgehen, daß ich gesund bin, genug zu essen, ein Dach über dem Kopf und genügend Muße habe, um mich an einem Konzert, einem blühenden Vorgarten, einem Essen mit Freunden zu erfreuen. Auf einmal kommen mir selbst die banalen Ärgernisse des Alltags vor wie ein Geschenk: Welch ein Glück ist es doch, so kleine Sorgen zu haben!

Die Wiese, an der ich jeden Nachmittag auf dem Heimweg vorbeikomme, hat ihr Sommerkleid angelegt. Ich zögere nur einen Moment, dann halte ich an, steige vom Rad und lege mich einfach hinein, liege auf dem Rücken in der blühenden Wiese, die Arme hinter dem Kopf verschränkt. Die Sonne liegt warm auf meinen geschlossenen Augenlidern. Ich tauche ein in diese Wärme, in das Gesumme und Gezirpe der Insekten im Gras, in den Duft von Blumen und Kräutern. Ich bin ein Teil dieser Wiese, ein Teil des Sommers. Wenn ich in den tiefblauen Himmel blinzle, möchte ich jubeln. Es ist das Glück des Augenblicks, in dem man ganz bei sich selbst ist und in stiller Übereinstimmung mit dem, was im Moment geschieht. Es ist das Glück, im Hier und Jetzt einfach zu sein.

Komme ich von der Arbeit nach Hause, fühle ich mich oft ausgelaugt und müde. Doch zum Glück habe ich einen Garten. Welch eine Freude, winzige Samenkörner in die Erde zu senken und eines Morgens das zarte Grün der Keimblätter zu entdecken. Was für ein beglückendes Gefühl, für etwas zu sorgen, das mir meine Pflege mit prächtigen Blüten und üppigen Früchten dankt. Was mir der Garten, ist einem anderen vielleicht die Musik oder ein anderes Hobby. Entscheidend ist nicht die Tätigkeit an sich, sondern die Freude, die man dabei empfindet. Diese Freude wirkt ungeheuer regenerierend, so daß man den nächsten Tag voller Elan beginnen kann.

Eine abendliche Einladung bei Freunden. Als ich hungrig und erwartungsvoll auf die Terrasse trete, bin ich einen Moment lang verblüfft. Auf dem Tisch ein Brot, daneben eine Flasche Wein und ein paar Gläser. Eigentlich hatte ich mit den üblichen kulinarischen Raffinessen gerechnet. Mit leiser Enttäuschung fange ich an, auf einem Stück Brot herumzukauen. Es ist ganz frisch, außen knusprig, innen noch lauwarm, weich und duftend. Wie lange ist es wohl her, daß ich ein Stück Brot so bewußt geschmeckt habe? Welche manchmal unglaublichen Verrenkungen unternehmen wir doch, wieviel Aufwand halten wir oft für nötig, um uns oder anderen eine Freude zu machen. Ein Tisch, ein paar Stühle, Sprechen, Schweigen, Brot und Wein – manchmal liegt soviel Glück in den einfachen Dingen.

Was für ein Fest! Nach einer durchtanzten Nacht gehe ich erschöpft und glücklich in der Morgendämmerung nach Hause. Die Straßen sind leer, ungewohnt still, die Stadt ist noch nicht erwacht. An der nächsten Biegung begegnet mir ein anderer Nachtschwärmer, in stillem Einverständnis lächeln wir uns an. In einem Zimmer läutet ein Wecker, das Licht geht an, ein Fensterflügel knarrt, erste Verrichtungen des Tages sind zu hören. Wie tröstlich sind das Licht, die vertrauten Geräusche, die den Tag mit all seinen Gewohnheiten und Ritualen ankündigen. Die Nachtschwärmer nehmen das selten erlebte erste Erwachen der Stadt als ein Geschenk mit in ihren Schlaf.

Ich liebe diese Gespräche mit Freunden, manchmal, spät abends, nach einem Fest, die Teller sind längst leergegessen, das wirklich allerletzte Glas Wein geht zur Neige. Ich genieße das Glück der Unvernunft, dieses spielerische Erproben von Sätzen, Gründen, anderen Lebensentwürfen, die schillernden Seifenblasen noch nie gedachter Gedanken, die mir am nächsten Morgen, im kühlen Licht der Alltagsvernunft betrachtet, noch ein Lächeln, vielleicht ein Kopfschütteln entlocken: Warum Planeten nicht sprechen, wieso ein Roman von Dostojewski diesen und nur diesen Titel tragen darf, woran die Weltrevolution gescheitert ist, ob man nicht auf einer Schaffarm in Neuseeland noch einmal von vorn beginnen sollte … Ich liebe sie, diese Gespräche mit Freunden.

Ein guter Freund ruft unerwartet an. Ohne bestimmten Grund, einfach um zu hören, wie es mir geht. Wir plaudern, und ich schäme mich plötzlich meiner Niedergeschlagenheit, die mich soeben noch erfüllte. Wie wohl tut es, diese altvertraute Stimme zu hören, und wie wohl tut es, zu spüren, daß andere Menschen sich mir verbunden fühlen. Vor meinem inneren Auge entsteht ein Bild, ein farbiges, lebendiges Bild mit all den Menschen, die mir nahestehen. So wirkt manchmal ein Anruf, ein Brief oder ein Foto wie ein Schlüssel, der mir das Tor zu den glücklichen Momenten meines Lebens öffnet.

Wieviel Glück verdanke ich den Freunden, die mich seit Kindertagen begleiten, wie viele schwerelose Augenblicke, wortlose Übereinstimmung, wieviel Ausgelassenheit, wieviel Nähe und Trost. Manche kreuzten nur kurz meinen Weg, andere sind ein langes Stück mit mir gegangen. Sie alle schenkten mir ihre Zeit, ihre Gedanken und Gefühle, gaben mir die Sicherheit, zu Hause zu sein in der Welt. Manche teilen meinen Alltag, meine Sorgen und Träume, manche begleiten mich auf meinen Höhenflügen und fordern mich neu heraus. Sie teilen mit mir ihre Fröhlichkeit oder schenken mir ihren Ernst, ihre Kritik, ihren anderen Blick auf das Leben.
Wie reich ist ein Leben, in dem es solche Freunde gibt!

Es gibt Menschen, die mich lieben. Jeder von ihnen liebt mich auf seine Art. So bringen sie ganz verschiedene Saiten in mir zum Schwingen, deren Klang von meiner Mitte in alle Glieder strömt und mich umgibt wie eine Haut aus Glück. Dieses Geschenk wird mir Tag für Tag zuteil, weil ich so bin, wie ich bin. Damit es nichts von seiner Zauberkraft verliert, muß ich es pfleglich behandeln und ihm genügend Aufmerksamkeit schenken. Dann verleiht es mir goldene Flügel und macht mich für eine Weile unverwundbar.

Das Glück in einer langjährigen Ehe oder Beziehung ist nicht zu vergleichen mit dem jubelnden Außersichsein der Verliebtheit. Es ist ein leiseres, aber kein kleineres Glück, ein Glück, das Zeit braucht und stetige Arbeit, ein Glück, das darauf beruht, daß man schöne und schwere Erinnerungen teilt, Pläne und Träume gemeinsam verwirklicht und auch mit den Schwächen und Fehlern des anderen zu leben gelernt hat, ohne Resignation, aber mit Toleranz und Vertrauen und der Bereitschaft, sich immer wieder um einander zu bemühen, Neues zu entdecken, Entwicklung zuzulassen, sich nicht auszuruhen auf den gemeinsamen Jahren.

Abends erzähle ich meinem Mann von meinem Tag, von den Freuden und kleinen Ärgernissen. Vieles muß ich gar nicht ausführen, es genügen Andeutungen, Halbsätze. Umgekehrt ist es genauso, eine bestimmte Betonung, ein leichtes Verziehen der Mundwinkel, und ich weiß, wie er etwas erlebt hat. Dieses vertraute Erzählen am Abend ist ein bißchen wie Tagebuchschreiben, wie eine Meditation, nur daß meine Worte einen Widerhall finden. Ich merke plötzlich, wie wertvoll dieses fast wortlose Verstehen ist, denn darin zeigt sich ein tiefes gegenseitiges Vertrauen, in dem ich aufgehoben bin.

Nach den letzten anstrengenden Tagen, ausgefüllt mit Urlaubsvorbereitungen und den üblichen zermürbenden, aus der Anspannung entstandenen Streitereien um Nichtigkeiten, sitzen wir nun endlich im Auto und fahren los. Ich schließe die Augen und atme tief durch. Als ich sie wieder öffne und draußen die noch bekannte Landschaft vorüberfliegen sehe, durchrieselt mich das prickelnde, erwartungsvolle Gefühl der Freiheit. Wir werden Neues sehen und anderes tun als sonst, für eine Weile können wir heraustreten aus allen Gewohnheiten und Schubladen, offen für das Glück, das in der Freiheit, in der Veränderung liegt, und vielleicht mit einem neuen, einem klaren, erfrischten Blick zurückkehren.

Tage am Meer. Die Zeit scheint stillzustehen. Alles Laute, alle Unruhe verklingt im Rauschen der Wellen. Farben, die sich für immer in die Seele brennen. Ein tiefes, leuchtendes Saphirblau, schimmerndes Türkis, die perlweiße Gischt, das blasse Gold der Dünen in der Sonne. Ich kann das wunschlose Glück, den tiefen Frieden dieser Tage nicht konservieren, aber ich kann die Bilder, die diese Empfindungen in mir ausgelöst haben, mitnehmen durch die Jahre. Ich kann versuchen, ihnen in mir einen Ort zu geben, an den ich immer zurückkehren kann.

Sich weit draußen auf dem Meer treiben lassen, kleine, aquamarinblaue Wellen kräuseln sanft die Wasseroberfläche. Die Korallen direkt unter mir beherbergen eine unermeßliche Fülle von Lebewesen mit unaussprechlichen Namen. Größere, leichter auszumachende Fische gleiten einzeln oder in Schwärmen vorbei.
Der ungeheure Reichtum der Farben berauscht mich, in der Wärme des Wassers entspannt sich mein ganzer Körper, die leichte Bewegung des Meeres massiert alle Spannung hinweg. Gibt es ein größeres Glücksgefühl?

Ich fahre mit dem Zug. Ein trister Morgen, der Himmel ist grau und verhangen. Gleichgültig schaue ich aus dem Fenster. Bäume fliegen auf mich zu und von mir weg. Wiesen, Häuser, Tiere, vereinzelt Menschen, wirbelnde Farben. Bilder werden mir geschenkt und Sekunden später wieder entrissen. Plötzlich scheint mir das ein Sinnbild des Lebens zu sein: Bekommen, Festhalten, Loslassen. Bekommen, Festhalten, Loslassen: der pulsierende Rhythmus des Lebendigseins. Glücklich sinke ich in meinen Sitz zurück, schließe die Augen und lasse diese Bilder auf den Grund meiner Seele sinken.

Wieviel Glück habe ich in meinem Leben schon gesammelt, Erinnerungen an besonders schöne Augenblicke und Stunden, an geliebte Menschen, geglückte Unternehmungen, Erfolge – Erinnerungen, die niemand mir nehmen kann. An grau verhangenen Tagen kann ich solche Momente wie Sonnenstrahlen, die gespeichert in mir ruhen und nichts an Kraft verloren haben, neu aufstrahlen lassen und mich daran wärmen. So wie ein Gemälde nicht nur den Künstler im Augenblick des Erschaffens beglückt, sondern noch Tausende von Malen betrachtet werden kann, können glückliche Erinnerungen immer wieder Dankbarkeit und Freude in uns auslösen.

Wenn man sich mit den Märchen und Mythen der Völker beschäftigt, fällt einem auf, daß die verschiedenen Kulturen gemeinsame Bilder und Symbole kannten, diesen aber zuweilen sehr unterschiedliche oder gar gegenteilige Bedeutungen zumaßen. So galten zum Beispiel die Raben den einen als Unglücksboten, den anderen dagegen als Verheißung zukünftigen Glücks. Glück ist also immer auch eine Frage der Deutung, unserer Deutung. Wie sehr liegt es doch bei uns selbst, an unserer eigenen Anschauung, was wir als Glück empfinden und ob wir es erkennen, wenn es uns begegnet.

Glück und Großzügigkeit wachsen miteinander. Wie befreiend ist es zum Beispiel, einmal fünf gerade sein zu lassen, statt auf Perfektion zu setzen. Und wie großherzig macht mich das Glück, wenn es sich erst einmal eingestellt hat.

Großzügige Menschen haben eine Begabung zum Glück, weil sie im richtigen Moment loslassen können. Diese Fähigkeit läßt sich erlernen – nicht von heute auf morgen, aber im Lauf der Zeit. Am Anfang mag es genügen, sich über Mißlungenes weniger zu ärgern. Schicht um Schicht fallen Zwänge, in die ich mich wie in zu enge Kleidung gehüllt habe, von mir ab. Was für ein herrliches Gefühl, wenn schließlich nichts mehr zwischen mir und meinen Mitmenschen steht.

Wenn mich die Langeweile packt, lähmender Überdruß an allem, was ich tue, denke ich an den Zen-Mönch, der auf die Frage nach dem Geheimnis seiner Zufriedenheit geantwortet haben soll: „Wenn ich stehe, dann stehe ich, wenn ich gehe, dann gehe ich, wenn ich spreche, dann spreche ich." Auf den ungläubigen Einwurf seiner Zuhörer, genau das täten sie doch auch, entgegnete der Mönch ruhig: „Nein, wenn ihr steht, dann lauft ihr schon."

An einer mir gestellten Aufgabe, gleichgültig, wie banal sie scheinen mag, mit Achtsamkeit, Sorgfalt und Leidenschaft zu arbeiten, sich ganz in den gegenwärtigen Moment, den unmittelbar vor mir liegenden Schritt zu versenken, ist eine Quelle tiefsten Glücks.

Auch wenn wir so gerne glauben möchten, Glück sei immer ein ausschließlich angenehmer und schmerzloser Zustand, der uns ganz zufällig in den Schoß fällt, ohne daß wir etwas dafür tun könnten und müßten, sind die intensivsten Glücksmomente häufig mit Anstrengung, Arbeit und höchster Konzentration verbunden. Zu diesem Ergebnis kam auch der Psychologe Csikszentmihalyi, der auf der Suche nach dem Geheimnis des Glücks Hunderte von Menschen jeden Alters und aus allen Lebensbereichen auf der ganzen Welt befragte: Die glücklichsten Momente, so fand er heraus, ereignen sich dann, wenn Körper und Seele eines Menschen in dem Bemühen, etwas Schwieriges und Wertvolles zu vollbringen, bis an ihre Grenzen angespannt sind.

Ein Pechtag. Seit dem Aufstehen will nichts, aber auch gar nichts glücken. Die Laune ist gründlich verdorben, und selbst Dinge und Tätigkeiten, die mir sonst immer Freude bereitet haben, erscheinen mit einem Mal so trist und schal wie das Regenwetter draußen. In solchen Stunden fällt es mir schwer zu glauben, daß ich aus meinem Stimmungsloch jemals wieder herausfinde. Aber habe ich nicht schon öfter solche Tage erlebt und überlebt? Und wie schön und heiter ließ sich dann oft schon der nächste Morgen an! Wie oft bin ich hingefallen und wieder aufgestanden, wie oft habe ich meine Griesgrämigkeit schon am nächsten Tag belächelt! Auf dieses Morgen kann ich bauen. Gelassen kann ich darauf warten, daß der Wind sich dreht.

Es gibt Tage, an denen mir das Leben zur Last wird, an denen der Alltag bleischwer auf meinen Schultern ruht und mir die vielen Pflichten, Verantwortlichkeiten und die Ansprüche anderer an mich zuviel werden. In solchen Momenten versuche ich, daran zu denken, daß das Lastentragen zum Leben gehört. Es bedeutet, daß ich lebendig bin, meine Kraft fühlen kann, nicht als unbeteiligter Zuschauer, als Zaungast auf mein Leben blicke. Gerne nehme ich wieder auf, was ich eben noch unwillig abwerfen wollte, und ein Glücksgefühl durchflutet mich. Die Last auf meinen Schultern ist mit einem Mal leichter geworden. Ich stehe mitten im Leben, ich bin stark, ich kann meine Last tragen und an ihr wachsen.

Wer glücklich sein will, muß sich für die sonnige Seite der Straße entscheiden. Natürlich gibt es die Schatten, das Unglück, die Angst und das Dunkel, natürlich können und sollen wir nicht daran vorbeisehen. Aber wir können uns entschließen, jeden Tag dem Glück zu begegnen, es wahrzunehmen in den kleinen Dingen, im Morgengruß der Nachbarin, im Lachen der Kinder, in den ersten vorwitzigen Schneeglöckchen nach einem langen Winter. Wir können uns entschließen, auf der sonnigen Seite der Straße zu wandern.

Nach langen Regentagen bricht heute morgen endlich die Sonne durch die Wolken. Ein klarer, blauer Tag zieht auf. Ich höre die Vögel zwitschern, genieße die Frische der noch feuchten Morgenluft, die kühl durch das Fenster hereinweht. Ein solcher Morgen ist wie ein Aufbruch, wie ein Ruf, der an mich ergeht und mich auffordert, diesen Tag nicht achtlos verstreichen zu lassen, ihn zu füllen mit Wärme, einem liebevollen Gespräch, mit Fröhlichkeit und Hoffnung, mit der Bereitschaft zum Glück.

Das Glück beginnt, wie die Liebe, da, wo das Vergleichen aufhört. Ich werde immer jemanden finden, der vermeintlich weniger Probleme hat als ich, der vielleicht klüger ist als ich, reicher, schöner, gesünder. Wenn ich aufhöre, mit dem zu hadern, was ich nicht ändern kann, und ständig nach dem zu schielen, was andere sind und haben, wenn ich Frieden schließe mit meinem Sosein, dann kann ich anfangen zu begreifen, daß das Glück vor allem da ist, wo wir es am wenigsten suchen: in uns selbst.

Mein erstes graues Haar. Frech und unübersehbar wagt es sich in mein Blickfeld, wenn ich morgens in den Spiegel sehe. Ich ertappe mich bei kritischen Blicken auf das, was ich bisher immer für Lachfalten gehalten habe, und unversehens versinke ich in panischen Gedanken an vor Rheuma schmerzende Gelenke und zukünftige Enkelkinder, die mich, wenn ich Glück habe, an hohen Fest- und Feiertagen besuchen. Energisch rufe ich mich zur Ordnung. Also gut, der Lack ist ab, ich bin nicht unsterblich, meine Zeit ist bemessen. Na und? Ein Grund mehr, meine Zeit, den Tag, diesen Augenblick zu nutzen. Heute beginnt der Rest meines Lebens, und ich gedenke, jeden einzelnen Moment auszukosten und auf das zu blicken, was mir die Jahre jetzt schenken werden: Reife, Gelassenheit, Humor.

Wer lachen kann, hat das Glück auf seiner Seite. Lachen zeugt von Humor und einer positiven Lebenseinstellung, die auch vor schwierigen Situationen nicht kapituliert. Suche ich verkrampft und verbissen nach Lösungen, werde ich nicht nur unzufrieden, sondern auch für meine Umgebung unerträglich. Gestatte ich mir dagegen, ein Problem mit Humor anzugehen, erscheint es mir nicht mehr bedrohlich, so daß ich, wenn nicht gar fröhlich, so doch in Ruhe nach einer Lösung suchen kann. Jedes Lachen, das die Verkrampfungen meines Körpers löst, ist ein Moment perlenden Glücks inmitten eines oft gleichförmigen Alltags.

Es gießt wie aus Kübeln. Der geplante Ausflug fällt im wahrsten Sinne des Wortes ins Wasser. Schon will Ärger in mir aufsteigen, doch gerade noch rechtzeitig rufe ich mir innerlich zu: Stop! Jeder Tag, begrüßt er mich freundlich oder wolkenverhangen, macht mir ein Angebot. Ich kann das Buch lesen, das ich schon immer lesen wollte. Ich kann mit meiner Familie ins Kino gehen oder meinen Kindern Geschichten erzählen. Ich habe so viele Möglichkeiten. Das Glück richtet sich nicht nach meinen Vorstellungen. Wenn ich das begriffen habe, wird es mich immer häufiger begleiten.

Ein stürmischer Herbsttag. Fröstelnd schlage ich den Mantelkragen hoch. Wie bin ich nur auf die Idee gekommen, an einem solchen Tag spazierengehen zu wollen? Unschlüssig blicke ich die menschenleere Straße hinunter. Der Wind treibt dunkle Wolken vor sich her und wirbelt die Blätter hoch, die auf dem Boden liegen, er fährt in zerzaustes Geäst und reißt die letzten Blätter von den Bäumen. Buntes Laub tanzt im Wind. Mit einem Mal wird mir leicht ums Herz. Ich sehe, wie die Blätter sich dem Wind anvertrauen, sich fallenlassen, wieder hoch in die Luft getragen werden, bis der Wind für einen Moment Atem holt und die Blätter in sanften Kreisen zu Boden sinken läßt – ein Tanz, ein Spiel, eine Leichtigkeit, von der ich lernen will.

Selbst wenn ich nicht fliegen kann, kann ich von Zeit zu Zeit abheben. Zum Beispiel, wenn ich mit dem Wind um die Wette laufe oder tanze – tanze mit zurückgelegtem Kopf, aus vollem Halse lachend. Die ausgelassenen Bewegungen meines Körpers vermitteln mir ein Gefühl von Glück und Freiheit. Je stärker ich dieses Gefühl erlebe und je mehr ich es genieße, desto kleiner wird, was mich im Alltag bedrückt. Schließlich spüre ich, daß sich für eine Weile die Welt verkehrt. Nicht die Bedrängnisse des Lebens hängen an meinen Gliedern, sondern die Leichtigkeit des Tanzes durchzieht für eine Weile meine Tage.

Als Kind lebte ich inmitten von Rätseln: Warum heißt der Tisch Tisch? Und wie kommen die Sterne an den Himmel? Beim Nachdenken über solche Fragen stellten sich Worte, Bilder und Töne ein. Wie eine Dichterin oder Malerin habe ich eine Welt neu erschaffen und darüber mich selbst vergessen.
Dieses Glück beim Denken erfüllt mich auch heute noch manchmal – wenn ich mir erlaube, scheinbar längst beantwortete Fragen neu zu stellen, Gedanken unzensiert weiterzuspinnen und mich von dem Anspruch, Antworten zu finden, für eine Weile verabschiede. Die Welt ist nicht nur das, was sie ist – sie ist auch das, was ich in ihr sehe.

Wenn die Herbststürme um das Haus jagen und der Regen die Büsche im Garten peitscht, dann wird es im Haus so richtig gemütlich. Ich zünde Kerzen an und stelle die Teekanne auf das Stövchen. Wir sitzen zusammen, wir spielen, reden, erzählen uns Geschichten. Der Herbst ist die Zeit, in der das Haus wieder zum Haus wird. Es ist nicht mehr nur ein Ort, den man zum Ausruhen, Schlafen, Essen oder Wäschewaschen aufsucht. Es wird zum Ort der Geborgenheit, der Gemeinsamkeit, des stillen Glücks, das der Herbst uns schenken kann.

Versonnen klappe ich das Buch zu und lehne mich in meiner Sofaecke zurück. Daß es so etwas gibt! Ein Mensch auf unserem Planeten hat so empfunden wie ich, hat meine oft unklaren Gedanken und verworrenen Gefühle in klare Worte und Bilder gefaßt, in denen ich mich wiederfinden kann. Sie werden mich lange begleiten, werden meinen Blick auf mich und auf die Welt verändern. Lesend habe ich Stunde um Stunde im Gespräch mit einem guten Freund, einer verwandten Seele verbracht. Ich fühle mich beschenkt.

Wir kehren von einem Herbstspaziergang zurück. Die Kinder haben Kastanien, Steine, Moos, Stöcke und Nüsse gesammelt und leeren jetzt ihre vollen Taschen auf dem Küchentisch aus. Im Nu entsteht eine kleine Welt, in der das Kastanienreh mit den Streichholzbeinen haust, der knorzige Wurzelzwerg und das Zahnstocherstachelschwein. Wenn ich den Kindern so zusehe, wie sie selbstvergessen und glücklich den ganzen Nachmittag spielen, ohne Fernseher, Computer und Gameboy, wird mir bewußt, daß die einfachsten Dinge und ein bißchen Phantasie ausreichen, um für eine Weile den Alltag hinter sich zu lassen.

Manchmal, wenn ich die Augen schließe und die Gedanken ziehen lasse, gelingt es mir, wieder das Kind zu werden, das ich einmal war. Dann atme ich den Duft eines Sommertags, der nichts anderes von mir verlangte, als glücklich zu sein und im Spiel die Welt zu vergessen. Dieses erinnerte Glück vermittelt mir eine Ahnung davon, was es heißt, im Tun zu sein. Es lehrt mich, daß es befriedigender ist, sich einer Aufgabe ganz statt halbherzig zu widmen, und es sagt mir zugleich, daß mir dies nur gelingen kann, wenn ich bereit bin loszulassen.

Ein Wintermorgen. Eine dicke weiße Decke liegt über der Welt. Die Zaunspitzen haben winzige Mützen aus Schnee, und auf jedem Mauervorsprung liegt ein kleines weißes Kissen. Ich spüre ein Prickeln in den Beinen, im ganzen Körper, und den Wunsch, über ein verschneites Feld zu laufen und die ersten Spuren auf der unberührten weißen Fläche zu hinterlassen. Ich nehme dieses Glück mit in den Tag: zu wissen, daß es immer wieder neue Möglichkeiten gibt, die man entdecken kann, wenn das Altbekannte sich plötzlich in einem neuen Gewand präsentiert, wie die vom Schnee verwandelten Häuser, Straßen und Gärten an diesem Morgen.

Ich sitze im Konzert. Die Augen geschlossen, entspannt zurückgelehnt, folge ich selbstvergessen den Tonreihen und Akkorden. Ich gehe ganz in Klängen und Tönen auf. Ich entstehe und vergehe mit der Bilderwelt, die der Komponist vor mir aufkommen läßt, ich bin außer mir und werde eins mit der Gedankenwelt eines anderen – und, wer weiß, vielleicht auch mit der Welt, in der sich die versunken lauschenden Zuhörer um mich herum gerade befinden. Im gemeinsamen Genuß des Schönen liegt ein tiefes Glück, das viele Momente, in denen wir uns allein und unverstanden fühlen, aufheben kann.

Vor dem Einschlafen lasse ich den Ablauf des verflossenen Tages noch einmal an mir vorüberziehen. Was hat er mir gebracht an unwichtigen und an bemerkenswerten Geschehnissen? Was war heute für mich das Bedeutsamste?
Heute habe ich mir etwas entgehen lassen, mich von einem lange gehegten Wunsch leise verabschiedet – und bin überrascht. Auch darin kann ein eigentümliches Gefühl von Glück verborgen sein: Wie befreiend kann es sein, sich gelassen von etwas zu trennen, von einer Lieblingsvorstellung, einem vorhin noch so dringend scheinenden Bedürfnis, von etwas, was meine Gedanken so lange schon beschäftigt und besetzt hat.

Glück läßt sich nicht zwingen, aber wir können es immer wieder einladen. Vor ein paar Tagen beobachtete ich eine alte Frau, die auf dem Platz vor der Kirche auf einer Bank saß und die Vögel fütterte. Die Körner auf dem Boden hatten schon einige Tauben und Spatzen angelockt. Die Frau griff lächelnd noch einmal in ihre Papiertüte und setzte sich dann sehr aufrecht hin, Körner in ihrer ausgestreckten Hand. Sie bewegte sich nicht mehr. Eine ganze Weile lang geschah gar nichts. Die Vögel pickten weiter zu ihren Füßen. Still und geduldig wartete die Frau, bis sich endlich ein kleiner Spatz hervorwagte und sich zögernd auf ihrer Hand niederließ. Ich nehme mir vor, mich an dieses Bild zu erinnern und geduldig immer wieder meine Hand auszustrecken, bis sich das Glück wie ein Vogel darauf niederläßt.

50 Inspirationen,
das Leben zu verändern

In gleicher Ausstattung ist erschienen:

HANNAH VALENTIN
50 gute Gründe, heute gelassen zu bleiben
ISBN 3-451-27158-3

Buchgestaltung: hoyerdesign grafik gmbh, Freiburg
Herstellung: L.E.G.O. Olivotto S.P.A., Vicenza 1999

ISBN 3-451-27157-5

„**Sonnenstrahlen**"
Ermutigende Gedanken von Phil Bosmans im Verlag Herder

Phil Bosmans / Florian Werner:

Sonnenstrahlen der Freundschaft
ISBN 3-451-26316-5

Sonnenstrahlen der Liebe
ISBN 3-451-26315-7

Sonnenstrahlen der Freude
ISBN 3-451-26076-X

Sonnenstrahlen des Herzens
ISBN 3-451-26079-4

Phil Bosmans / Werner Richner:

Sonnenstrahlen des Glücks
ISBN 3-451-26077-8

Sonnenstrahlen der Hoffnung
ISBN 3-451-26078-6

Sonnenstrahlen ins Leben
ISBN 3-451-26447-1

Sonnenstrahlen der Schöpfung
ISBN 3-451-26446-3

Auf dem Weg zu sich selbst

Spirituelle Kostbarkeiten von Hans Kruppa
im Verlag Herder

Amanda und das Zauberbuch
ISBN 3-451-27162-1

Der Wunschkristall
ISBN 3-451-26694-6

Sternschnuppen
ISBN 3-451-26588-5